D1593667

CÓMO HABLAR CON DIOS

Aprendiendo a orar paso a paso

JOSÉ REINA

Copyright © 2015 José Reina

Copyright © 2015 Editorial Imagen.
Córdoba, Argentina

Editorialimagen.com
All rights reserved.
Edición Corregida y Revisada, Abril 2015

Todos los derechos reservados. Ninguna parte de este libro puede ser reproducida por cualquier medio (incluido electrónico, mecánico u otro, como ser fotocopia, grabación o cualquier sistema de almacenamiento o reproducción de información) sin el permiso escrito del autor, a excepción de porciones breves citadas con fines de revisión.

Todas las referencias bíblicas son de la versión Reina-Valera 1960, Copyright © 1960 by American Bible Society excepto donde se indica:

TLA - Traducción Lenguaje Actual, Copyright © 2000 by United Bible Societies. NVI - Nueva Versión Internacional, Copyright © 1999 by Biblica. DHH - Biblia Dios Habla Hoy, Tercera edición © Sociedades Bíblicas Unidas, 1966, 1970, 1979, 1983, 1996. Usada con permiso. NTV - Santa Biblia, Nueva Traducción Viviente, © Tyndale House Foundation, 2010. Usado con permiso de Tyndale House Publishers, Inc., 351 Executive Dr., Carol Stream, IL 60188, Estados Unidos de América. Todos los derechos reservados.

CATEGORÍA: Vida Cristiana/Estudio Bíblico

Impreso en los Estados Unidos de América

ISBN-13: 9781682120514

ISBN-10:1682120511

"Clama a mí, y yo te responderé, y te enseñaré cosas grandes y ocultas que tú no conoces." (Jeremías 33:3)

Contenido

1

Aprendiendo a orar

Mateo 6:6. "Cuando alguno de ustedes ore…"

Generalmente encuentro que las personas se preocupan mucho a la hora de orar. Las preguntas más frecuentes, especialmente de aquel que sinceramente quiere orar, son:

¿Cómo debo orar?, ¿Hay alguna fórmula que me garantice la respuesta de Dios? ¿Qué palabras debo usar?

A veces nosotros complicamos algo que nuestro Señor quiere que sea sencillo, tanto como la conversación de un niñito con su padre.

¿Te imaginas la conversación de un padre con su hijito utilizando términos complicados y teológicos? Seguramente que no.

En un diálogo entre padre e hijo podrás escuchar palabras de mutua admiración, pero muy sencillas, tales como: "Papito… ¡te amo!"… "¡Te quiero hasta las estrellas!"… "¡Hijito eres hermoso!"… "Te quiero mucho, mucho… ¡ven y abrázame!"

Ésa es la clase de conversación que nuestro Padre Dios quiere que aprendamos.

Veamos completo el texto que precede: "Mas tú, cuando ores, entra en tu aposento, y cerrada la puerta, ora a tu Padre que está en secreto; y tu Padre que ve en lo secreto te recompensará en público." Mateo 6:6.

En esta primera enseñanza veremos algunas características esenciales de la oración. Siempre debes tener presente que la palabra orar significa hablar con Dios. En otras palabras, esto incluye conversar con tu Padre celestial, dialogar y platicar con É.

1. **"Entra en tu aposento…"** Debemos apartar un tiempo especial para estar con Dios de manera privada donde, si es posible, nadie nos interrumpa. Por ello continúa diciendo… **"y cerrada la puerta"…**

2. Luego que estamos allí dice: **"Ora a tu Padre"**, habla con Él allí en lo secreto. En ese lugar es donde podemos abrir nuestro corazón, hablar espontáneamente a medida que nos vayan saliendo las palabras de nuestro interior y expresar cómo nos sentimos con total confianza.

Porque Dios se encuentra allí… en el lugar secreto, como una persona más real que cualquier persona física. Así que debemos ser muy sinceros y aún confiarle las cosas que no nos atreveríamos a decirle a nadie…Él nos garantiza guardar todos nuestros secretos.

Podemos hablar con confianza, por momentos llorar, o tal vez descargar nuestras frustraciones contándole cómo nos sentimos... debemos **contar todo, no importan las palabras.**

No hay fórmulas mágicas, sino sólo hablarle con el corazón.

A medida que lo hacemos sentiremos que una gran carga va saliendo de nosotros y la paz de Dios comenzará a inundar todo nuestro corazón.

Iremos pasando por momentos alternativos en nuestras emociones; lloraremos, pero también reiremos, sentiremos paz, gozo y le daremos gracias.

Por momentos nos quedaremos en silencio para escucharle a Él.

Porque orar no es un monólogo sino un diálogo, donde Él nos susurra por el Espíritu Santo sus palabras de ánimo y consuelo. La mayoría de las veces serán textos bíblicos que nos traerá a la memoria, o nos llevará a buscar en la Biblia, la cual siempre debemos tener con nosotros en el tiempo de oración.

Así que recuerda lo que debes llevar contigo a tu aposento privado:

La Biblia, para leer antes de orar ó consultar mientras oras.

Cuaderno y lápiz, para anotar tus peticiones y lo que el Espíritu Santo te hablare cuando converses con Dios.

3. **"Y tu Padre que ve en lo secreto te recompensará en público."**

Toma nota de la promesa de Dios. Él recompensa públicamente a los que pasan tiempo con Él en lo secreto (privado) o mejor, en intimidad con Él. Es Su promesa y seguramente Él no faltará en cumplirla.

¿No te parece que orar es algo maravilloso? La verdadera oración jamás se hace en vano. Siempre produce resultados, porque genera una respuesta de parte de Dios.

¡Adelante! Te invito a continuar con el capítulo 2.

2

Verdades sobre la oración

En nuestra primera enseñanza, nos introdujimos en algunas características importantes acerca de la oración.

También aquí podemos usar el ejemplo de lo que sucede en la vida natural. Luego de los primeros meses de su nacimiento y mientras va creciendo, un bebé comienza a agregar palabras a su vocabulario poco a poco.

Cuando entregamos nuestra vida a Jesucristo y nacemos otra vez, (Juan 3:3), comenzamos espiritualmente una nueva vida y como niños recién nacidos solo dominamos una que otra palabra, pero a medida que pasa algún tiempo vamos agregando muchas otras palabras. Porque a medida que progresamos en la oración vamos aprendiendo a abrir nuestro corazón al Padre y confiarle todo lo que hay en él.

Por otra parte, paralelamente, estamos leyendo la Biblia día a día, especialmente los Evangelios y Salmos, y vamos conociendo más la persona de nuestro Padre Dios, Su carácter Santo, Su amor y Su gran misericordia para con nosotros. Dios se nos revela en las Escrituras como un Padre de amor que quiere lo mejor para nosotros.

Que generalmente nosotros no entendamos nuestras circunstancias no quiere decir que Dios se haya olvidado de nosotros o que no nos escuche. Muy por el contrario.

EL SIEMPRE NOS ESCUCHA Y QUIERE LO MEJOR PARA NOSOTROS. ¡No te olvides de esto!

"Sabemos que Dios va preparando todo para el bien de los que le aman, es decir, de los que él ha llamado de acuerdo con su plan". Romanos 8:28.

"El SEÑOR te guiará siempre; te saciará en tierras resecas, y fortalecerá tus huesos. Serás como jardín bien regado, como manantial cuyas aguas no se agotan". Isaías 58:11.

A continuación veremos algunos consejos sencillos para cuando ores:

1) **Debes dirigirte al Padre en el nombre de Jesús.** "Cualquier cosa que ustedes pidan en mi nombre, yo la haré; así será glorificado el Padre en el Hijo". Juan 14:13.

Esto es muy importante. No comenzamos de cualquier manera y con cualquier frase, sino que objetivamente nos presentamos al Padre como hijos. ¡Qué gran privilegio! "Mas a cuantos lo recibieron, a los que creen en su nombre, les dio el derecho de ser hijos de Dios". Juan 1:12.

Puedes hacerlo, por ejemplo, con una frase como ésta: "Amado Padre, vengo a Ti en el nombre de Jesús…" o "Padre nuestro que estás en los cielos, santificado sea Tu nombre…en el nombre de Jesús vengo a Ti…"

Puedes hacerlo con diferentes palabras, pero el concepto es: "Vengo a Ti en el nombre de Jesús". Esa es tu garantía de ser escuchado siempre.

2) **Primero alaba a Dios por todo lo que Él es**. Y también por todo lo que hace por ti.

Si no sabes bien cómo hacerlo, te puede ayudar leer en voz alta los primeros cinco versos del Salmo 103: "Alaba, alma mía, al Señor; alabe todo mi ser su santo nombre. Alaba, alma mía, al Señor, y no olvides ninguno de sus beneficios. Él perdona todos tus pecados y sana todas tus dolencias" y luego orarlos dando gracias a Dios por todos sus beneficios con tus propias palabras, tal como lo hacía el salmista David.

3) **Pide por tus necesidades**, llévalas delante de Dios; no las des por sobreentendidas. Sí, Dios lo sabe todo, pero a Él le agrada escucharte describir cada aspecto de tu vida, Él desea que le cuentes tus necesidades.

Te recuerdo, no es importante qué palabras uses, eso no debe preocuparte. Así como un niño no se preocupa si está usando términos "correctos" cuando corre a los brazos de su Padre, así también sólo abre sinceramente tu corazón.

4) **Ora por tu familia**. Pide por cada uno brevemente según sus necesidades y por otras personas que quieres que conozcan a Dios, etc. Dedica siempre un tiempo de tu oración a las necesidades de otros.

5) Concluye siempre tu tiempo de oración diciendo: **"...en el Nombre de Jesús...amén!"** ó diciendo: "Gracias Padre pues tengo seguridad que me has oído porque he orado a Ti en el Nombre de Jesucristo, tu Hijo amado."

Y para despedirnos de esta sección recuerda que SOLO LA ORACION CAMBIA LAS COSAS! Así que adelante, espera grandes cosas de Dios.

"...La oración eficaz del justo puede mucho." (Santiago 5:16)

3

Qué dice la Biblia en cuanto a la oración

"Me invocará, y yo le responderé... y le mostraré mi salvación." Salmo 91:15-16.

El tiempo que empleamos con el Señor en oración puede liberar el poder más dinámico y transformador de la historia que este mundo jamás haya conocido.

La Biblia describe diversas operaciones de la oración, pero en esta lección vamos a examinar la oración como algo individual. Nuestra oración como un cuerpo unido puede únicamente ser tan fuerte como el tiempo personal que pasemos con el Señor a solas.

A. El lugar secreto

"Mas tú, cuando ores, entra en tu aposento, y cerrada la puerta, ora a tu Padre que está en secreto; y tu Padre que ve en lo secreto te recompensará en público." Mateo 6.6 Hemos sido invitados a la oración íntima por el Mismo Señor. Esta clase de oración "secreta" presupone y asegura:

1) Los motivos correctos. "Cuando oren, no sean como los hipócritas, porque a ellos les encanta orar de pie en las sinagogas y en las esquinas de las plazas para que la gente los vea. Les aseguro que ya han obtenido toda su recompensa." Mateo 6:5

2) Las relaciones correctas con Dios como padre. "¿Quién de ustedes que sea padre, si su hijo le pide[a]un pescado, le dará en cambio una serpiente? ¿O si le pide un huevo, le dará un escorpión? Pues si ustedes, aun siendo malos, saben dar cosas buenas a sus hijos, ¡cuánto más el Padre celestial dará el Espíritu Santo a quienes se lo pidan!" Lucas 11:11-13

3) Una confianza verdadera en el señor. "Pero yo clamaré a Dios, y el Señor me salvará. Mañana, tarde y noche clamo angustiado, y él me escucha". Salmos 55:16- 17

4) La dispersión de los asuntos falsos. "Él les contestó:

Tenía razón Isaías cuando profetizó acerca de ustedes, hipócritas, según está escrito: Este pueblo me honra con los labios, pero su corazón está lejos de mí. En vano me adoran; sus enseñanzas no son más que reglas humanas." Marcos 7:6-7

A medida que expresamos nuestros sentimientos y problemas en nuestra conversación con Dios, podemos hacerlo en forma de adoración:

"Bendeciré al Señor en todo tiempo; mis labios siempre lo alabarán. Mi alma se gloría en el Señor; lo oirán los humildes y se alegrarán. Engrandezcan al Señor conmigo; exaltemos a una su nombre. Busqué al Señor, y él me respondió; me libró de todos mis temores." Salmos 34:1-4,

Confesión: "Si confesamos nuestros pecados, Dios, que es fiel y justo, nos los perdonará y nos limpiará de toda maldad." 1 Juan 1:9,

Peticiones: "Pidan, y se les dará; busquen, y encontrarán; llamen, y se les abrirá." Mateo 7:7

O por acciones de gracias: "Tampoco debe haber palabras indecentes, conversaciones necias ni chistes groseros, todo lo cual está fuera de lugar; haya más bien acción de gracias." Efesios 5:4-20

B. Cinco mandamientos relacionados con la oración

1) Velad y orad siempre

"Velad, pues, en todo tiempo orando que seáis tenidos por dignos de escapar de todas estas cosas que vendrán, y de estar en pie delante del Hijo del Hombre" Lucas 21:36.

"Por lo tanto, manténganse despiertos, porque no saben cuándo volverá el dueño de la casa, si al atardecer, o a la medianoche, o al canto del gallo, o al amanecer; no sea que venga de repente y los encuentre dormidos. Lo que les digo a ustedes, se lo digo a todos: ¡Manténganse despiertos!" Marcos 13:35-37.

2) Orad para que no caigáis en tentación

"Velad y orad, para que no entréis en tentación; el espíritu a la verdad está dispuesto, pero la carne es débil." Mateo 26:41

3) Orad por obreros

"Y les decía: La mies a la verdad es mucha, mas los obreros pocos; por tanto, rogad al Señor de la mies que envíe obreros a su mies." Lucas 10:2.

4) Orad por los que están en autoridad

"Exhorto ante todo, a que se hagan rogativas, oraciones, peticiones y acciones de gracias por todos los hombres; por los reyes y por todos los que están en eminencia, para que vivamos quieta y reposadamente en toda piedad y honestidad." 1 Timoteo 2:1, 2.

5) Orad por vuestros enemigos

"Bendecid a los que os maldicen, y orad por los que os calumnian." Lucas 6:28.

C. Cuándo orar

La Biblia nos da muchos ejemplos de personas que oraban "Jabes le rogó al Dios de Israel: Bendíceme y ensancha mi territorio; ayúdame y líbrame del mal, para que no padezca aflicción. Y Dios le concedió su petición." 1 Crónicas 4:10.

La mayoría de los héroes de la fe tuvieron sus tiempos regulares del día separados específicamente para la oración, muchas veces tres veces al día (por la mañana, al mediodía y por la tarde o al anochecer).

"En cuanto a mí, a Dios clamaré; y Jehová me salvará. Tarde y mañana y a mediodía oraré y clamaré, y él oirá mi voz." Salmos 55:16, 17.

"Cuando Daniel se enteró de la publicación del decreto, se fue a su casa y subió a su dormitorio, cuyas ventanas se abrían en dirección a Jerusalén. Allí se arrodilló y se puso a orar y alabar a Dios, pues tenía por costumbre orar tres veces al día." Daniel 6:10.

El mejor ejemplo de un patrón diario de oración regular y sincera es una que evite los ritos religiosos sin significado, y ésta puede ser encontrada en el Señor Jesús mismo:

Temprano en la mañana: "Muy de madrugada, cuando todavía estaba oscuro, Jesús se levantó, salió de la casa y se fue a un lugar solitario, donde se puso a orar." Marcos 1:35

Toda la noche: "Por aquel tiempo se fue Jesús a la montaña a orar, y pasó toda la noche en oración a Dios." Lucas 6:12

Antes de cada comida: "Jesús tomó los cinco panes y los dos pescados y, mirando al cielo, los bendijo. Luego partió los panes y se los dio a los discípulos para que se los repartieran a la gente. También repartió los dos pescados entre todos." Marcos 6:41

D. ¿Por qué motivos orar?

1. Por nosotros mismos

"E invocó Jabes al Dios de Israel, diciendo: ¡Oh, si me dieras bendición, y ensancharas mi territorio, y si tu mano estuviera conmigo, y me libraras del mal, para que no me dañe! Y le otorgó Dios lo que pidió." 1 Crónicas 4:10

2. Los unos por los otros

"Confesaos vuestras ofensas unos a otros, y orad unos por otros..." Santiago 5:16

3. Por el ministerio en el cuerpo de cristo

"Por lo demás, hermanos, orad por nosotros, para que la palabra del Señor corra y sea glorificada, así como lo fue entre vosotros." 2 Tesalonicenses 3:1

4. Por los enfermos y por los desesperados

"¿Está alguno entre vosotros afligido? Haga oración... ¿Está alguno enfermo...? Llame a los ancianos de la iglesia, y oren por él, ungiéndole con aceite en el nombre del Señor. Y la oración de fe salvará al enfermo, y el Señor lo levantará...orad unos por otros, para que seáis sanados..." Santiago 5:13-16

5. Por los que están atrapados en el pecado

"Si alguno viere a su hermano cometer pecado que no sea de muerte, pedirá y Dios le dará vida..." 1 Juan 5:16

E. Ayuda en la oración

"Y de igual manera el Espíritu nos ayuda en nuestra debilidad; pues qué hemos de pedir como conviene, no lo sabemos, pero el espíritu mismo intercede por nosotros con gemidos indecibles." Romanos 8:26.

Parte del propósito del Espíritu Santo es enseñarnos: "porque en ese momento el Espíritu Santo les enseñará lo que deben responder." Lucas 12:12

Guiarnos en oración: "Y Dios, que examina los corazones, sabe cuál es la intención del Espíritu, porque el Espíritu intercede por los creyentes conforme a la voluntad de Dios." Romanos 8:27

Y también ayudarnos en nuestra fe: "Le pido que, por medio del Espíritu y con el poder que procede de sus gloriosas riquezas, los fortalezca a ustedes en lo íntimo de su ser." Efesios 3:16, 17

El Espíritu Santo a veces ungirá la oración de un creyente de manera especial y a esto le llamamos "orar en el Espíritu Santo." "Pero ustedes, queridos hermanos, sigan confiando siempre en Dios. Esa confianza es muy especial. Cuando oren, dejen que el Espíritu Santo les diga lo que deben decir." Judas 1.20;

"No se olviden de orar. Y siempre que oren a Dios, háganlo dirigidos por el Espíritu Santo. Manténganse en estado de alerta, y no se den por vencidos. Oren siempre, pidiendo por todos los que forman parte del pueblo de Dios." Efesios 6:18.

A fin de ayudarnos en la oración, el Espíritu Santo ha provisto también un don especial para el creyente: El don de lenguas, es decir, el hablar en otras lenguas al Señor en oración.

"Algunos reciben el poder de hacer milagros, y otros reciben la autoridad de hablar de parte de Dios. Unos tienen la capacidad de reconocer al Espíritu de Dios, y de descubrir a los espíritus falsos.

Algunos pueden hablar en idiomas desconocidos, y otros pueden entender lo que se dice en esos idiomas. Pero es el Espíritu Santo mismo el que hace todo esto, y el que decide qué capacidad darle a cada uno." 1 Corintios 12:4-11.

"Mas la oración de los rectos es su gozo... Él oye la oración de los justos." Proverbios 15:8, 29

F. Compañero de labores

Cuando dos se unen en oración, de seguro obtendrán lo que buscan:

"Otra vez os digo, que si dos de vosotros se pusieren de acuerdo en la tierra acerca de cualquiera cosa que pidieren, les será hecho por mi Padre que está en los cielos." Mateo 18:19.

G. La Iglesia en oración

Si hay un poder tremendo en dos personas que se unen para orar, ¿te imaginas qué pasaría si toda la asamblea o la congregación entera del pueblo de Dios se reuniera para clamar a Dios? Mira lo que sucedió cuando la iglesia primitiva lo hizo así:

"Luego de escucharlos, todos juntos oraron: "Señor, tú hiciste el cielo y la tierra, y el mar y todo lo que hay en ellos…" Cuando hubieron orado, el lugar en que estaban congregados tembló; y todos fueron llenos del Espíritu Santo, y hablaban con denuedo la palabra de Dios." Hechos 4:24, 31.

4

El poder de la oración

A continuación me gustaría compartir contigo un mensaje muy interesante, escrito por Alexis Carrel quien vivió por muchos años en Alta Gracia, localidad serrana de la Provincia de Córdoba, Argentina, fue Premio Nobel en 1912. Médico y Fisiólogo Francés (l873-1944), realizó investigaciones sobre el transplante de los tejidos. Autor de un libro universal: "La incógnita del hombre".

En diciembre de 1940, escribió en inglés para la revista americana "Reader's Digest", un artículo sobre el poder de la oración. Ese artículo fue publicado a principios de 1941, después de haber sido reducido y retocado por uno de los editores.

Enseguida, fue traducido al francés, probablemente en Suiza, y apareció en el "Journal de Genéve". Más tarde, volvió a ser publicado en Francia en dos números de la "Semaine Religieuse".

Fue entonces que el autor tuvo conocimiento de esa traducción y, no estando satisfecho con ella, resolvió escribir, en los primeros días de enero de 1942, un nuevo ensayo sobre la oración.

El autor no es un teólogo ni un filósofo. Se expresa en el lenguaje corriente y emplea las palabras en su acepción vulgar; sin embargo, a veces, las usa en su significado científico.

Pide, por tanto, a los teólogos, que usen para con él la misma indulgencia que él usaría para con esos mismos teólogos si tuviesen que tratar cualquier asunto referente a la fisiología.

Este estudio de la oración es un resumen, extremadamente breve, de una innumerable cantidad de observaciones recogidas en el transcurso de una larga carrera pasada junto a personas de todas las condiciones.

Por otra parte, su experiencia de cirujano, de médico y de fisiólogo, lo mismo que los estudios de laboratorio a que durante años se entregó, sobre la regeneración de los tejidos y la cicatrización de heridas, le permitieron apreciar, en su justo valor, ciertos efectos curativos de la oración.

Puede parecer inútil hablar de la oración en estos tiempos, y más aún al hombre moderno, pero ¿no será indispensable que conozcamos todas las actividades de que somos capaces? De hecho, no podemos dejar ninguna de ellas inutilizadas, sin correr un grave peligro para nosotros y para nuestros descendientes. La atrofia del sentido de lo sagrado se nos figura tan perjudicial como la atrofia de la inteligencia.

Estas líneas, diríjanse, por tanto, a todos: a los creyentes y a los que no creen. La vida, para desarrollarse con éxito, impone a todos las mismas obligaciones y exige que todos procedamos en armonía con nuestra estructura corporal y mental. Por esa razón nadie debe ignorar las necesidades más hondas y más sutiles de la naturaleza humana.

Introducción

A nosotros, -hombres de occidente- la razón nos parece muy superior a la intuición; preferimos grandemente la inteligencia al sentimiento.

La ciencia irradia, al paso que la religión se extingue. Seguimos a Descartes y abandonamos a Pascal. De este modo, procuramos en primer lugar cultivar nuestra inteligencia. En cuanto a las actividades no intelectuales del espíritu, tales como el sentido moral, el sentido de lo bello y, sobre todo, el sentido de lo sagrado, son despreciadas en forma casi completa.

La atrofia de estas actividades fundamentales convierte al hombre moderno en un ser completamente ciego, y esa enfermedad no le permite ser un buen elemento constitutivo de la sociedad. Y, a la mala calidad del individuo, debemos atribuir el desmoronamiento de nuestra civilización.

De hecho, lo espiritual se hace tan necesario para el éxito de la vida, como lo intelectual y lo material. Es, por tanto, urgente, el hacer renacer en nosotros mismos aquellas actividades mentales que, más que la inteligencia, dan fuerza a nuestra personalidad.

Y la más ignorada de entre ellas, es el sentido de lo sagrado o sentimiento religioso.

El sentido de lo sagrado se expresa, sobre todo, por la oración.

La oración, como el sentido de lo sagrado es, evidentemente, un fenómeno espiritual. Pero encontrándose el mundo espiritual fuera del campo de nuestras técnicas, ¿cómo debemos, entretanto, adquirir un conocimiento positivo de la oración?

Felizmente, el dominio de la Ciencia abarca la totalidad de lo que es observable y puede, por intermedio de la fisiología, extenderse hasta las manifestaciones de lo espiritual.

Así, es por la observación sistemática del hombre que reza, que nosotros podemos aprender en qué consiste el fenómeno de la oración, la técnica de su producción y sus efectos.

I - Definición de la oración

La oración parece ser esencialmente una tensión del espíritu hacia el substractum inmaterial del mundo. De una manera general, consiste en una queja, un grito de angustia, un pedido de socorro, y, a veces, se convierte en una serena contemplación del principio inmanente y trascendente de todas las cosas.

Podemos igualmente definirla como una elevación del alma hacia Dios, o como un acto de amor y adoración para con Aquél a quien se debe esta maravilla que se llama vida.

De hecho, la oración representa el esfuerzo del hombre para comunicarse con un ser invisible, creador de todo lo que existe, suprema sabiduría, fuerza y belleza, padre y salvador de cada uno de nosotros.

Lejos de consistir en una simple recitación de fórmulas, la verdadera oración representa un estado místico en que la conciencia se absorbe en Dios. Este estado no es de naturaleza intelectual y, por eso permanece inaccesible para los filósofos y los sabios; del mismo modo que el sentido de lo bello y del amor, no exige ningún conocimiento libresco.

Las almas simples sienten a Dios tan naturalmente como sienten el calor del Sol o el perfume de una flor; pero este Dios, tan abordable para aquel que lo sabe amar, se oculta para el que no lo sabe comprender. El pensamiento y la palabra se sienten impotentes para describirlo. Es por eso que la oración encuentra su más alta expresión en un arrobo de amor a través de la noche oscura de la inteligencia.

II - Como se debe orar

¿Cómo se debe orar? Aprendemos la técnica de la oración con los místicos cristianos, desde San Pablo hasta San Benito, y hasta esa multitud de apóstoles anónimos que, durante veinte siglos, iniciaron a los pueblos de occidente en la vida religiosa.

El Dios de Platón era inaccesible en su grandeza; el de Epícteto se confundía con el alma de las cosas y Jahveh era un deporte oriental que inspiraba terror y no amor. El Cristianismo, por el contrario, colocó a Dios al alcance del hombre. Dióle un rostro; hízolo nuestro padre, nuestro hermano y nuestro salvador.

Para alcanzar a Dios ya no hay necesidad de un ceremonial complejo, ni sacrificios sangrientos. La oración se hizo así fácil, y su técnica simple.

Para orar, basta solamente un esfuerzo para elevarnos hacia Dios; tal esfuerzo, sin embargo, debe ser afectivo y no intelectual.

Una meditación sobre Dios, por ejemplo, no es una oración, a no ser que sea, al mismo tiempo, una expresión de amor y de fe. Y así, la oración, según el proceso de La Sale, parte de una consideración intelectual para hacerse luego afectiva.

Sea corta o larga, sea vocal o apenas mental, la plegaria debe ser semejante a la conversación que un niño tiene con su padre.

"Cada uno se presenta conforme es", decía un día una pobre hermana de caridad que hace treinta años dedicaba su vida al servicio de los pobres. En suma: se ora como se ama; con todo el ser.

En cuanto a la forma de la organización, varía desde la corta elevación a Dios hasta la contemplación; desde las simples palabras pronunciadas por la campesina ante la cruz en un encuentro de caminos, hasta la magnificencia de un Canto Gregoriano bajo las bóvedas de una Catedral. La solemnidad, la grandeza y la belleza no son necesarias para la eficacia de la oración. Pocos hombres han sabido rezar como San Juan de la Cruz o como San Bernardo de Clairvaux, no habiendo necesidad de ser elocuente para ser atendido.

Cuando se estima el valor de la oración por sus resultados, nuestras más humildes palabras de súplica y de alabanza son tan aceptables al Señor de todos los seres, como las más bellas invocaciones.

Fórmulas recitadas maquinalmente son, también de cualquier modo, una plegaria. Sucede lo mismo que acontece con la llama de un cirio. Basta para ello que esas fórmulas inertes y esa llama simbolicen el arrobo de un ser humano para Dios.

Y también se ora por medio de la acción, pues ya San Luis Gonzaga decía que el cumplimiento del deber es equivalente a la plegaria.

La mejor manera de comunicarse con Dios es, indiscutiblemente, cumplir íntegramente su voluntad. "Padre nuestro, venga a nos el reino, hágase tu voluntad así en la tierra como en los cielos…"

Y hacer la voluntad de Dios consiste, evidentemente, en obedecer las leyes de la vida, tales como ellas se encuentran grabadas en nuestros tejidos, en nuestra sangre y en nuestro espíritu.

Las oraciones, que se elevan como una pesada nube de la superficie de la tierra, difieren tanto unas de otras como difieren las personalidades de aquellos que rezan. Pero consisten en variaciones sobre estos dos mismos temas: la amargura y el amor. Es enteramente justo implorar auxilio a Dios para obtener aquello de que tenemos necesidad, mientras que sería absurdo pedir la realización de un capricho, o pedir aquello que debemos procurarnos con nuestro esfuerzo.

El pedido inoportuno, obstinado y agresivo es bien atendido. Un ciego, sentado a la orilla del camino lanzaba sus súplicas cada vez más fuertes, a pesar de las personas que lo querían hacer callar. "Tu fe te curó", díjole Jesús que pasaba.

En su forma más elevada, la oración deja de ser una petición. El hombre declara al Señor de todas las cosas que lo ama, que le agradece sus favores y que está dispuesto a realizar su voluntad, sea ella cual fuere. La plegaria se convierte así en contemplación.

Un viejo campesino estaba sentado sólo en el último banco de un iglesia vacía. ¿Qué esperas? preguntáronle "Lo contemplo a Él", respondió el hombre, y "El me contempla a mí".

El valor de una técnica se estima por sus resultados. Toda técnica de oración es buena cuando pone al hombre en contacto con Dios.

III - Donde y cuando se debe orar

¿Dónde y cuándo se debe orar? Puede orarse en todas partes: en la calle, en un automóvil, en un vagón, en el escritorio, en la escuela, en la oficina. Pero se reza mejor en los campos, en las montañas, en los bosques o en la soledad del cuarto.

También están las oraciones litúrgicas que se ejecutan en la iglesia, pero, cualquiera sea el lugar de la oración, Dios no habla al hombre si éste no se mantiene en estado de calma. La calma interior depende, al mismo tiempo, de nuestro estado orgánico y mental y del medio en que nos encontramos sumergidos; pero la paz del cuerpo y del espíritu es difícil de conseguir en medio de la confusión, el barullo y la dispersión de las ciudades modernas.

Hoy en día hay necesidades de lugares destinados a la oración, y estos son, de preferencia, las iglesias, donde los habitantes de la ciudad pueden encontrar, aunque sea por un corto instante, las condiciones físicas y psicológicas indispensables para su tranquilidad interior.

No sería difícil crear así, unos islotes de paz, acogedores y bellos, en medio del tumulto de las grandes capitales. En el silencio de estos refugios los hombres podrían, elevando su pensamiento a Dios, reposar sus músculos y sus órganos, distender el espíritu, clarificar el raciocinio y recobrar la fuerza necesaria para poder soportar la dura vida con que nos abruma nuestra civilización.

Es sólo haciéndose un hábito, que la oración actúa sobre el carácter, siendo preciso, por lo tanto, orar frecuentemente.

"Piensa en Dios más veces de lo que respiras", decía Epicteto. Es absurdo que oremos por la mañana y que, en el resto del día, nos comportemos como bárbaros.

Pensamientos cortos o invocaciones mentales pueden mantener al hombre en presencia de Dios, y toda nuestra manera de proceder es entonces inspirada por la oración.

Así comprendida la plegaria se convierte en una manera de vivir.

IV - Efectos de la oración

La oración es siempre seguida por un resultado, cuando es hecha en condiciones convenientes.

"Nunca hombre alguno oró sin aprender alguna cosa", escribió Ralph Waldo Emerson.

Entretanto, el rezar es considerado por los hombres modernos como un hábito caído en desuso, una superstición, o un resto de barbarismo. Por eso ignoramos casi completamente sus efectos.

¿Cuáles son, de hecho, las causas de esa ignorancia?

En primer lugar, el poco uso de la oración. El sentido de lo sagrado está a punto de desaparecer entre los civilizados, siendo probable que el número de los franceses que oran no supere al 4 ó 5 por ciento de la población.

Además, la oración es muchas veces estéril, ya que la mayor parte de los que oran son egoístas, mentirosos, orgullosos y fariseos incapaces de fe y de amor.

Por último sus efectos, cuando llegan a producirse, nos pasan desapercibidos muchas veces. La respuesta a nuestros pedidos y a nuestro amor es dada usualmente, en una forma lenta, insensible y casi ineludiblemente.

La débil voz que murmura esa respuesta en lo más íntimo de nuestro ser, es fácilmente ahogada por los ruidos del mundo y los propios resultados materiales de la oración son oscuros, pues se confunden generalmente con otros fenómenos. Pocas personas, aún entre los sacerdotes, han tenido ocasión de observarlos en forma precisa; los mismos médicos, por falta de interés, dejan sin estudio muchas veces casos ciertos que se encuentran a su alcance. Por otra parte, los observadores quedan a menudo desorientados por el hecho de que la respuesta está, en muchos casos, lejos de ser aquella que se esperaba.

Así, aquel que pide la cura de una enfermedad orgánica continúa enfermo, pero sufre una profunda e inexplicable transformación moral.

Entretanto, el hábito de la oración, aunque sea una excepción en el conjunto de la población, es relativamente frecuente en las agrupaciones que se mantienen fieles a la religión de los antepasados. Y es en esas agrupaciones donde es todavía posible estudiar su influencia. Entre sus innumerables efectos, el médico tiene oportunidad de observar, sobre todo, aquellos que se llaman psicofisiológicos y curativos.

Efectos psicofisiológicos

La oración actúa sobre el espíritu y sobre el cuerpo en una forma que parece depender de su calidad, de su intensidad y de su frecuencia.

Es fácil conocer cuál es la frecuencia de la oración y, en una cierta medida, su intensidad; en cuanto a la calidad, se mantiene desconocida, ya que no poseemos medios para medir la fe y la capacidad de amor de los demás.

Entretanto, la forma en que vive aquel que reza puede darnos luz con respecto a la calidad de las invocaciones que dirige a Dios.

Aun cuando la oración es de escaso valor y consiste, principalmente, en la recitación de fórmulas, ejerce un efecto sobre el comportamiento del individuo: fortifica en él, al mismo tiempo, el sentido de lo sagrado y el sentido moral.

Los medios donde se ora se caracterizan por cierta bondad para con los otros. Parece estar demostrado que, en igualdad de desarrollo intelectual, el carácter y el valor moral son más elevados entre los individuos que oran, aún en forma mediocre, que entre los que no lo hacen.

Cuando la oración es habitual y verdaderamente fervorosa, su influencia se hace mas manifiesta y podemos compararla a la de una glándula de secreción interna, como, por ejemplo, la tiroides o suprarrenal. Consiste en una especie de transformación mental y orgánica que se opera en una forma progresiva.

Diríase que en lo más profundo de la conciencia se enciende una llama. El hombre se ve tal cual es, pone en descubierto su egoísmo, su codicia, sus juicios equivocados y su orgullo. Y entonces, se sujeta al cumplimiento del deber moral, procurando adquirir la humildad intelectual. Así se abre ante él el reino de la Gracia.

Poco a poco, va produciéndose en él apaciguamiento interior, una armonía de actividades nerviosas y morales, una mayor resignación ante la pobreza, la calumnia y las penurias, lo mismo que la capacidad de soportar, sin desfallecimiento, la pérdida de los suyos, el dolor, la enfermedad y la muerte. Por tal motivo el médico que ve rezar a su paciente, debe regocijarse por eso, pues la calma proveniente de la oración es una poderosa ayuda para la terapéutica.

Sin embargo, no debemos considerar a la oración como semejante a la morfina, dado que la plegaria origina, al mismo tiempo que la calma, una integración de las actividades mentales y una especie de floración de la personalidad.

A veces, produce aún el heroísmo y marca a sus fieles con un sello particular. La pureza de la mirada, la tranquilidad del porte, la alegría serena de la expresión, la virilidad de la conducta y, si fuera necesario, la simple aceptación de la muerte del soldado o del mártir, traducen la presencia del tesoro que se oculta en lo íntimo de los órganos y del espíritu.

Bajo esta influencia aún los ignorantes, los retardados, los débiles y los mal dotados, utilizan mejor sus fuerzas intelectuales y morales.

La oración, según parece, eleva a los hombres por encima de la estatura mental que les corresponde de acuerdo con su herencia y su educación. Este contacto con Dios los impregna de paz. Y la paz irradia de ellos. Y llevan la paz a todas partes que vayan.

Desgraciadamente, no hay, hoy en día, más que un número ínfimo de individuos que saben orar de una manera eficiente.

Efectos curativos

Los efectos curativos de la oración, son los que, en todos los tiempos, han despertado principalmente la atención de los hombres. Hoy aún, en los medios en que se reza, es corriente oír hablar de las curas obtenidas gracias a súplicas dirigidas a Dios y a los santos.

Pero, cuando se trata de dolencias susceptibles de curarse espontáneamente o con ayuda de medicamentos vulgares, es difícil saber cuál fue el verdadero agente de la cura. Es solamente en los casos en que la terapéutica es inaplicable, o en que la misma no produce efecto, que los resultados de la oración pueden ser verificados en forma segura.

La repartición médica de Lourdes ha prestado un gran servicio a la ciencia, demostrando la realidad de esas curas.

La oración tiene, a veces, un efecto que podríamos llamar explosivo. Hay enfermos que han sido curados casi instantáneamente de afecciones tales como el lupus facial, cáncer, infecciones renales, tuberculosis pulmonar, tuberculosis ósea, tuberculosis peritoneal, etc.

El fenómeno se produce casi siempre de la misma manera: un gran dolor y, en seguida, la percepción de estar curado.

En algunos segundos o, cuando mucho, en algunas horas, los síntomas desaparecen y las lesiones orgánicas cicatrizan.

El milagro es caracterizado por una extrema aceleración de los procesos normales de cura. Y nunca tal aceleración fue observada, hasta el presente, en el transcurso de experiencias hechas por cirujanos y fisiólogos.

Para que éstos fenómenos se produzcan, no hay necesidad de que el enfermo ore, pues han sido curadas en Lourdes criaturas que aún no hablaban y, también personas incrédulas. Alguien, entretanto, oraba cerca de ellas.

La oración hecha por otro es siempre más fecunda que la hecha por la propia persona. De la intensidad y la calidad de la plegaria es que parece depender su efecto.

En Lourdes los milagros son mucho menos frecuentes de lo que eran hace cuarenta o cincuenta años, y ello es porque los enfermos no encuentran aquella atmósfera de profundo recogimiento que allí reinaba otrora; los peregrinos se han convertido en turistas y sus plegarias son ineficaces.

Tales son los resultados de la oración de que yo tengo en conocimiento cierto. Entretanto, al lado de éstos, hay muchos otros. La historia de los santos, aún de los más modernos, nos relata muchos hechos maravillosos, y no hay duda de que la mayor parte de los milagros que les son atribuidos, por ejemplo, al cura de Ars, son absolutamente verídicos.

Este conjunto de fenómenos nos conduce a un mundo nuevo, cuya exploración no fue aún iniciada, pero ha de ser fértil en sorpresas. Lo que sabemos ya en forma segura es que la oración produce efectos palpables.

Por muy extraño que esto pueda parecer, debemos considerar como cierto que quien pide recibe y que siempre se abre la puerta a quien golpea.

Significado de la oración

En síntesis: todo pasa como si Dios escuchase al hombre y le respondiese; los efectos de la oración no son una ilusión. No es necesario reducir el sentimiento de lo sagrado a la angustia experimentada por el hombre ante los peligros que lo rodean y el misterio del Universo. Tampoco será preciso hacer de la oración una poción calmante, un remedio contra el temor al sufrimiento, a la enfermedad o a la muerte.

¿Cuál es, por lo tanto, el significado del sentimiento religioso? Y, ¿cuál es el lugar que la propia naturaleza señala a la oración en nuestra vida?

Convenzámonos de que ese lugar es muy importante. En casi todas las épocas, los hombres de Occidente oraban. La ciudad antigua era, principalmente, una institución religiosa. Por todas partes los romanos erigían templos y nuestros antepasados de la Edad Media cubrieron de catedrales y de capillas góticas el suelo de la Cristiandad. Aun en nuestros días sobre cada aldea se hiergue un campanario.

Fue por medio de las iglesias, como por las Universidades y por las fábricas, que los peregrinos venidos de Europa instauraron en el Nuevo Mundo la civilización de occidente. En el transcurso de nuestra historia, la oración se convirtió en una necesidad tan elemental como la de conquistar, de trabajar, de construir o de amar. De hecho, el sentimiento religioso parece ser un impulso que brota de los más profundo de nuestra naturaleza, constituyendo así una actividad fundamental.

Sus variaciones en una agrupación humana están casi siempre ligadas a las de otras actividades básicas: el sentido moral, el carácter y, a veces, el sentimiento de lo bello.

Y es esta parte tan importante de nosotros mismos, la que dejamos de atrofiar y, aún, desaparecer.

Necesitamos recordar que el hombre no puede, sin grave peligro, dejarse conducir al gusto de su fantasía.

Para que triunfemos, la vida tiene que ser llevada en armonía con reglas invariables y que dependen de su propia estructura.

Corremos siempre un peligro grave cuando dejamos morir en nosotros cualquier actividad fundamental, sea ella fisiológica, intelectual o espiritual. Así, por ejemplo, la falta de desarrollo de los músculos, del esqueleto y de las actividades no racionales del espíritu, en ciertos intelectuales, es tan desastrosa como la atrofia de la inteligencia y del sentido moral en algunos atletas. Hay innumerables ejemplos de familias prolíficas y fuertes que no produjeron más que degenerados o que se extinguieron, después de la desaparición de las creencias de sus antepasados y del culto de honor. Aprendemos, por una dura experiencia, que la pérdida del sentido moral y del sentimiento religioso, en la mayoría de los elementos activos de una nación, tiene, como resultado, la pérdida de esa misma nación y su sometimiento al extranjero. La caída de Grecia antigua fue precedida por un fenómeno análogo. Es evidente, por lo tanto, que la supresión de actividades mentales exigidas por la naturaleza es incompatible con el éxito de la vida.

En la práctica, las actividades morales y religiosas están ligadas unas con otras. El sentido moral desaparece en cuanto desaparece el sentimiento religioso. El hombre no consiguió construir, como lo quería Sócrates, un sistema moral que fuese independiente de toda doctrina religiosa. Todas las sociedades que ponen al margen la necesidad de orar, están en vías de su decadencia. Y es por esto que todos los que son civilizados -creyentes o no- deben interesarse por este grave problema del desarrollo de cada actividad básica, de que el cuerpo es capaz.

¿Cuál es la razón de que el sentimiento religioso desempeñe un papel tan importante en el éxito de la vida?

¿Por medio de qué mecanismo actúa la oración sobre nosotros?

En este punto, dejamos el dominio de la observación para entrar en el de la hipótesis. Pero la hipótesis, aún cuando sea osada, es necesaria al progreso del conocimiento.

Debemos tener presente, primeramente, que el hombre es un todo indivisible, compuesto de tejidos, de líquidos orgánicos y de una conciencia. No está, por tanto, enteramente comprendido en las cuatro dimensiones del espacio y el tiempo, pues la conciencia, si reside en los órganos, se prolonga al mismo tiempo para afuera del continuum£ físico. Por otra parte, el cuerpo vivo, que nos parece independiente de su medio material, esto es, del universo físico, es, en realidad inseparable de él.

Así, está íntimamente ligado a ese medio por la necesidad constante del oxígeno del aire y de los alimentos que la tierra le provee.

¿No nos será, pues, permitido admitir que estamos sumergidos en un medio espiritual,£ del cual no podemos prescindir, como no podemos prescindir del universo material, esto es, de la tierra y del aire?

Y ese medio, no podrá ser otro que el ser inmanente en todos los seres y que a todos trasciende, al que llamamos Dios.

La oración podría, por tanto, ser considerada como el agente de las relaciones naturales entre la conciencia y el medio que le es propio, y como una actividad biológica dependiente de nuestra estructura. En otros términos: como una función normal de nuestro cuerpo y de nuestro espíritu.

Conclusión

En resumen: el sentimiento de lo sagrado asume, en relación con otras actividades del espíritu, una singular importancia, porque nos pone en comunicación con la inmensidad misteriosa del mundo espiritual.

Es por la oración que el hombre va hacia Dios y que Dios entra en él. Orar es un acto que se muestra indispensable para nuestro supremo desarrollo.

No debemos considerar la oración como un acto practicado por los pobres de espíritu, por los mendigos o por los cobardes.

"Es vergonzoso orar" escribía Nietzsche; pero no es más vergonzoso orar de lo que es beber o respirar. El hombre tiene necesidad de Dios como tiene necesidad de agua y de oxígeno.

Juntamente con la intuición, con el sentido moral, con el sentido de lo bello y con la luz de la inteligencia, el sentimiento de lo sagrado da a la personalidad su pleno desarrollo. Y no se puede poner en duda que el éxito de la vida exige el desenvolvimiento integral de cada una de nuestras actividades fisiológicas, intelectuales, afectivas y espirituales.

El espíritu es, al mismo tiempo, razón y sentimiento. Tenemos que amar la belleza de la Ciencia y también la belleza de Dios.

Es necesario que escuchemos a Pascal con el mismo fervor con que escuchamos a Descartes.

5

Cuando no tenemos tiempo

Es indiscutible la presión del tiempo sobre los hombres y las mujeres de hoy. Dobles trabajos, horas extras y largos viajes en transportes públicos que reducen nuestro tiempo libre, así que naturalmente concluimos que no nos queda tiempo para orar.

Pero apenas examinamos un poco el problema de cómo distribuimos nuestro día de actividades, nos damos cuenta que no es muy difícil conseguir treinta minutos tranquilos para la lectura de la Biblia y la oración personal.

Por lo tanto, alegar que no tenemos tiempo es simplemente una excusa, y lo hallaríamos para realizar muchas otras tareas.

¿No valdría la pena preocuparse para que cada día pudiéramos disponer de por lo menos treinta minutos para leer la Biblia, meditar en su mensaje y entregarnos a la oración? Sería importantísimo que se trate de un momento particularmente tranquilo e inviolable, en el que no seamos interrumpidos.

Seguramente que nuestro día tiene, en algún lugar, esos minutos que reservaremos para nuestra comunión íntima con Dios.

"Termino el día demasiado cansado"

Por supuesto, podemos elegir el momento de oración antes de comenzar nuestras actividades. Y de hecho, debiéramos todos los días empezarlo encomendándonos al cuidado de Dios. Aunque más no sea que con una brevísima oración: "Señor, al comenzar este día, te ruego que me hagas sentir tu presencia y me acompañes en todo momento. ¡Correremos juntos el día, Señor!"

Si no podemos encontrar esos mínimos 30 minutos, en algún momento del día estarán, y aunque nos hallemos muy cansados, nos ayudarán a tranquilizar nuestro espíritu y nuestro propio cuerpo. Nos hará mucho bien entablar un diálogo con Dios.

Recordemos que Jesús dijo: "Vengan a mí los que están cansados de sus trabajos y de sus cargas, y yo les daré descanso."

"Tengo demasiados problemas"

"… y cuando quiero orar, las preocupaciones me perturban, a veces la falta de dinero, o la enfermedad de algún familiar, problemas en el trabajo, disgustos… en fin, tantas cosas."

¡Precisamente, aprendamos a llevar a Dios nuestros problemas! Recordemos que "si él cuida de las aves, también cuidará de mí."

Lo importante aquí es la grandeza de Dios, porque Él es el Creador del Universo entero, pero al mismo tiempo es conmovedor que Él se interese por cada uno de nosotros y nos prometa su asistencia.

No te distraigas pensando en las cosas que te preocupan cuando estás dispuesto a orar. No te concentres en cuán grande es tu problema, sino enfócate en la grandeza de tu Dios. Comienza diciéndole: "Te doy gracias Señor, porque tú te preocupas de todos mis problemas ¡y puedes resolverlos a todos! Dame ahora la tranquilidad necesaria para disfrutar de este momento de comunión contigo."

La oración en la familia cristiana

La iglesia es nuestra familia. La oración comunitaria es uno de los auxilios más fuertes que Dios ha provisto para nuestra vida espiritual. Al orar en comunidad nos ayudamos mutuamente. La oración de mi hermano alimenta mi oración, y hace que yo desee estimular a mis hermanos con mi oración ferviente.

La oración nos une con Dios y estrecha nuestros lazos fraternales. Que Dios nos conceda descubrir y comprender que la oración en la iglesia es un sublime ministerio en el cual debemos ejercitarnos, para nuestro bien y para la salud espiritual de la iglesia. Salimos enriquecidos y fortalecidos de cada reunión de oración.

¿Seremos tan necios como para despreciar las oportunidades que se nos dan de orar en comunidad? ¿Perderemos el privilegio de asistir a las reuniones de oración de la iglesia por causas injustificadas?

¡Que Dios me conceda la bendición de comprender el beneficio que recibo y otorgo al orar con mis hermanos!

"No tengo deseos de orar"

Esto es grave, pero lamentablemente es una actitud muy generalizada entre los cristianos. Por supuesto, se trata de cristianos enfermos, realmente enfermos, que deben reflexionar y sentir un fuerte deseo de curarse.

La primera medicina que deben tomar es la oración. ¿Te ocurre que no deseas orar? ¿Te das cuenta que eso implica una enfermedad espiritual? ¿Deseas curarte? ¡Comienza en este mismo instante una plegaria, que el Señor de seguro te contestará! Por ejemplo, debes decirle: "¡Dios mío! estoy preocupado porque no tengo deseos de orar. Y yo quisiera hacerlo todos los días, y disfrutar orando. Hazme sentir la necesidad de orar, enséñame a hacerlo de tal manera que el momento de la oración sea hermoso y alegre para mí."

No es extraño que experimentemos esta sensación, ya que el diablo nos distrae con mil asuntos que nos distraen cuando queremos orar, hasta que llega el momento en que perdemos el hábito, y en consecuencia, el deseo de orar. Y lo que decimos de la oración podemos decirlo de la lectura de la Biblia, de asistir a la iglesia a escuchar la Palabra de Dios con nuestros hermanos, y de vivir todos los días las demandas del evangelio.

Nada de esto es fácil. Y no podemos hacerlo solos. Pero Dios siempre está cerca, nos escucha, aviva el poder del Espíritu Santo que mora en nosotros, y nos da el impulso que necesitamos para rehacer nuestra vida espiritual. Hoy mismo clama a Dios y dile: "Señor, dame deseos de orar."

6

Recursos para tu edificación

Es mi deseo que este libro pueda ayudarte a tener una relación más profunda con tu Dios y que pueda servir para comunicarte mejor con tu Creador.

Para finalizar, te dejo una lista de sitios web que pueden ayudarte en tu relación con Dios a través de recursos musicales, videos y material de edificación:

Devoción Total
(www.DevocionTotal.com): Red de sitios cristianos dedicada a proveer recursos para la evangelización y la edificación de los creyentes en Cristo Jesús. Encontrarás prédicas, música, mp3s, videos, reflexiones cristianas, devocionales y mucho más.

CD Virtual GRATIS
(www.DevocionTotal.com/cdvirtual/) Un CD completo para descargar que contiene la música de

cantantes cristianos independientes en archivos MP3, un librito y otras sorpresas dentro!

Sermones Cristianos.NET
(SermonesCristianos.NET): Descarga gratis sermones en audio mp3, prédicas cristianas y estudios bíblicos. También predicaciones escritas y en video.

Estudios Bíblicos
(www.EstudiosBiblicosCristianos.NET): Materias del Instituto Bíblico Palabra de Fe que ahora puedes leer y consultar en línea.

Mensajes Cristianos
(www.MensajesCristianos.NET): Un devocional de aliento para tu vida tomado de la Biblia. La Palabra de Dios: Un mensaje para cada día del año

Aplicaciones Cristianas
(www.AplicacionesCristianas.com): Diferentes aplicaciones gratis para dispositivos móviles con sistema operativo Android, Apple y Nokia: Devocionales, Libros, Música y Videos.

✶✶✶✶✶

Estimado Lector:

Nos interesan mucho sus comentarios y opiniones sobre esta obra. Por favor ayúdenos comentando sobre este libro. Puede hacerlo dejando una reseña en la tienda donde lo ha adquirido.

Puede también escribirnos por correo electrónico a la dirección info@editorialimagen.com

Si desea más libros como éste puedes visitar el sitio de **Editorialimagen.com** para ver los nuevos títulos disponibles y aprovechar los descuentos y precios especiales que publicamos cada semana.

Allí mismo puede contactarnos directamente si tiene dudas, preguntas o cualquier sugerencia. ¡Esperamos saber de usted!

Acerca del autor

Después de estudiar teología durante 3 años como interno en la Escuela Bíblica Evangélica de Villa María, Provincia de Córdoba, Argentina, José Reina se gradúa en el Colegio Nacional de Montserrat, dependiente de la Universidad de Córdoba, como Martillero Público y Judicial.

En 1976 contrae matrimonio con Priscilla Baker (quien también estudió durante 3 años en la misma Escuela Bíblica) y se establecieron en la ciudad de Córdoba donde fueron activos en la iglesia donde asistían. Mientras que también el Señor los bendijo con cuatro hermosos niños.

En 1986 fueron bautizados en el poder del Espíritu Santo colaborando en la campaña del evangelista Carlos Annacondia.

En julio de 2002 parten para Estados Unidos, donde permanecen un año, para luego viajar a España y radicarse en Málaga.

La Iglesia Fuente de Vida tiene sus comienzos en junio de 2004. Teniendo un énfasis especial en la enseñanza de la Palabra de Dios, y continuando con el Instituto Bíblico Palabra de Fe, cuyo lema: "Preparando obreros para la cosecha mundial", ilustra el propósito de este ministerio de enseñanza, claramente establecido en el mandamiento del Señor Jesucristo: "Id y haced discípulos a todas las naciones,… enseñándoles que guarden todas las cosas que os he mandado;…" (S. Mateo 28:19a; 20a).

Más libros de interés

Libros de José Reina

Espíritu Santo, ¡Sopla En Mí!
Aprendiendo los secretos para un vida de poder espiritual

Este libro te guiará a conocer al Espíritu Santo como persona. También aprenderás que es posible vivir una vida llena de su presencia. ¡Vivir una vida en lo sobrenatural es posible!

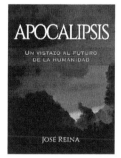

Apocalipsis - Un vistazo al futuro de la humanidad

Este libro fue escrito para entender las revelaciones contenidas en el Libro del Apocalipsis.

Además encontrará estudios adicionales relacionado con los demonios, el Anticristo y lo relacionado con el Tribunal de Cristo, temas tratados en la Palabra de Dios en otros contextos pero que integran el tiempo del estudio apocalíptico, dado que el principal propósito es lograr un estudio en orden cronológico según sucederán los hechos.

La Oración Intercesora - Principios para una vida de oración eficaz

Este libro te ayudará a descubrir el placer de orar. Aún en nuestras vidas tan agitadas podemos aprender a orar y a interceder como a Dios le agrada.

Es mi deseo que este libro te inspire a ser parte de ese ejército de Dios que continuamente clama al cielo "¡Que venga tu reino!" Sin duda Dios hará maravillas con cada vida que le crea a Él y actúe en consecuencia

El Predicador Cristiano - Cómo prepararse personal y espiritualmente antes de entregar el sermón

Nuestra tarea es revisar la motivación de nuestro corazón. ¿Qué es lo que te lleva a predicar? ¿Por qué lo haces?

Luego, ¿cuál es el propósito final de la predicación según la Biblia?

En este libro cristiano encontrarás estos tres principales ejes:
* Lo que el predicador es según la Biblia
* Lo que el predicador cristiano no debe descuidar
* Elementos del Sermón

Los Dones Espirituales - Descubre el don que hay en ti para edificación de la Iglesia

Debemos tener una sincera preocupación por descubrir nuestros dones para ponernos a servir al Cuerpo, de lo contrario, lo que hayamos recibido comenzará a marchitarse y pronto se secará definitivamente. Los dones de en una iglesia son la prueba de que el Espíritu Santo está presente y que tiene vida

Liderazgo Cristiano - Lecciones de liderazgo basadas en la primera carta a Timoteo

Lecciones de liderazgo basadas en la primera carta a Timoteo.

Encontrarás temas como estos:
* El deber de la iglesia con la familia
* La difícil tarea de reprender
* Honrando al hermano que confía en nosotros
* La alegría de una vida sencilla
* El peligro de las riquezas y el amor al dinero Y mucho más!

¿Podemos confiar en la Biblia? - Respuestas a las más inquietantes preguntas sobre la Biblia

En este libro encontrarás respuesta a las siguientes preguntas:

¿Cómo llegamos a tener definitivamente la Biblia tal cual la poseemos hoy? ¿Es posible que tantos autores no se contradigan entre ellos? ¿Cuántas Biblias hay? ¿Es la Biblia inspirada por Dios? ¿Cuál es su mensaje principal? Y mucho más!

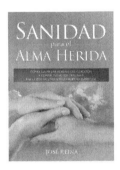

Sanidad para el Alma Herida - Como sanar las heridas del corazón y confrontar los traumas para obtener verdadera libertad espiritual

Este es un libro teórico y práctico sobre sanidad interior. Nuestra enseñanza motiva la búsqueda de la sanidad para las mentes y espíritus de las almas sufridas.

Se tratan temas como: El llamado de Dios, Enfermedades del alma, sus causas, Mecanismos de defensa, Abuso y violación, Maltrato Infantil, Carencias afectivas Maldiciones El perdón La puerta del pecado El Arrepentimiento El Espíritu Santo Y muchos más…

Alabanza y Adoración - Cómo adorar a Dios según la Biblia

En este libro descubrirás las bases bíblicas de la alabanza y la adoración para poder adorar a Dios como Él está buscando que lo hagan.

Podrás encontrar los siguientes temas y muchos más:

* Significados de alabanza y adoración
* Cómo manifestar la alabanza y la adoración
* Por qué adorar al Señor
* Cómo convertirme en un adorador
* El efecto que tiene la adoración en el interior del creyente

Más libros de Editorial Imagen

Conociendo más a la persona del Espíritu Santo

Este libro sobre la Persona del Espíritu Santo es el relato de un viaje personal. Después de muchos años de ser creyentes el Señor puso una inquietud en mi vida y la de mi esposo - la inquietud por buscar la llenura del Espíritu Santo. Fue un 'viaje' donde aprendimos mucho y en estas páginas comparto esa aventura espiritual.

Ángeles en la Tierra - Historias reales de personas que han tenido experiencias sobrenaturales con un ángel

Este libro no pretende ser un estudio bíblico exhaustivo de los ángeles según la Biblia – hay muchos libros que tratan ese tema. Los ángeles son tan reales y la mayoría de las personas han tenido por lo menos una experiencia sobrenatural o inexplicable.

El Ayuno, una cita con Dios
El poder espiritual y los grandes beneficios del ayuno

Descubre lo que dice la Biblia sobre el ayuno y todos los beneficios que trae realizar un ayuno escogido por Dios. Si estás buscando una unción especial para tu ministerio, tal vez el ayuno es la respuesta que necesitas.

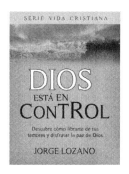

Dios está en Control - Descubre cómo librarte de tus temores y disfrutar la paz de Dios

En este libro, el pastor Jorge Lozano, quien nació en México y vive en Argentina desde hace más de 20 años, nos enseña cómo librarnos de los temores para que podamos experimentar la paz de Dios.

Amigo de Dios - Un libro ilustrado para niños que desean estar más cerca de Dios

Descubre cómo ser amigo de Dios a través de historias ilustradas sencillas y divertidas. Contiene historias bíblicas tales como "El Tesoro Escondido" y un cuento para niños sobre el valor del dar: "Regalos del Corazón".

Consejos para vivir feliz - Sabiduría en enseñanzas breves para una vida cristiana plena y fructífera

Hay mucha gente que va por esta vida todavía sin saber cuál es su propósito o se encuentran perdidos cuando tienen que tomar alguna decisión importante. Muy pocas personas saben que existe un libro muy antiguo que tiene principios de vida e instrucciones precisas y concretas para toda situación que vivamos.

El libro de Proverbios es parte del manual de usuario del ser humano que Dios como creador dejó a todos sus hijos.

El hombre que parafraseaba - Un encuentro de consecuencias eternas

Este libro relata la historia de un encuentro entre un niño azotado por la soledad y un anciano que en el amor ha obtenido las respuestas. El anciano está de paso, el niño se encuentra solo como casi siempre, pues su madre está muy ocupada, y esto sucede en una ciudad colonial llena de luz y magia. Bastarán dos días para que juntos emprendan un viaje de ida y vuelta a lo más profundo del corazón de Dios

Cosecha Española - El avance de las buenas nuevas en España

"Cosecha Española" es el relato verídico de una intrépida mujer inglesa y su esposo, un español dotado con dones extraordinarios y la evangelización de la región de Galicia, España, a fines del siglo 19 y comienzos del siglo 20. Fueron aquellos tiempos difíciles y peligrosos para los primeros misioneros pero también desafiantes, pues ellos, sin tener los medios de los que nosotros disponemos hoy, predicaron el evangelio con una sola meta: la salvación de las almas.

98566025R00038

Made in the USA
Middletown, DE
09 November 2018